Un acercamiento a las plantas

SUELO

Annette Whipple y Pablo de la Vega

Rourke

Actividades para antes y después de la lectura

Antes de la lectura:

Construcción del vocabulario académico y los conocimientos previos

Antes de leer un libro, es importante utilizar lo que ya saben los niños acerca del tema. Esto los ayudará a desarrollar su vocabulario, incrementar su comprensión de la lectura y hacer conexiones con otras áreas del currículum.

1. *Ve la portada del libro y lee el título. ¿De qué crees que trata este libro?*
2. *¿Qué sabes de este tema?*
3. *Veamos el índice. ¿Qué aprenderás en cada capítulo del libro?*
4. *¿Qué te gustaría aprender acerca de este tema? ¿Piensas que podrías aprender algo con este libro? ¿Por qué sí o por qué no?*
5. *Usa un diario de lectura y escribe en él tus conocimientos de este tema. Anota lo que ya sabes de él y lo que te gustaría aprender.*
6. *Lee el libro.*
7. *En tu diario de lectura, anota lo que aprendiste del tema y tus reacciones al libro.*
8. *Después de leer el libro, realiza las actividades que se encuentran abajo.*

Área de contenido Vocabulario
Lee las palabras de la lista. ¿Qué significan?

bacterias
hábitat
humus
mantillo
minerales
nutrientes
orgánicas
partículas

Después de la lectura:

Actividad de comprensión y extensión

Después de leer el libro, use las siguientes preguntas con su hijo o alumnos para verificar su nivel de comprensión lectora y dominio del contenido.

1. *¿De qué manera el suelo ayuda a las plantas?* (Resume).
2. *¿Por qué piensas que en el desierto crecen tan pocas plantas?* (Infiere).
3. *¿En qué capa del suelo crece el césped?* (Formulación de preguntas).
4. *¿Nombra un lugar cerca de tu casa donde probablemente hay suelo rico en humus?* (Conexiones texto a ti mismo).
5. *¿De dónde obtienen los nutrientes las plantas?* (Formulación de preguntas).

Actividad de extensión:

Este libro habla de cómo el suelo está hecho principalmente de rocas pulverizadas. Examina una muestra de suelo con una lupa. Puedes ver las rocas pulverizadas. ¿Qué más ves? Si es posible, mira esa misma muestra de suelo con el microscopio.

Índice

Suelo por todas partes

¿Alguna vez te has puesto a pensar en el suelo de la Tierra? El suelo se esconde bajo el césped, los caminos e, incluso, el mar. Cubre la mayor parte del planeta. Quizá no lo veamos, pero es importante. Entonces, ¿qué es el suelo?

La luz del Sol, el agua y el suelo son partes necesarias del ambiente natural del planeta Tierra.

Polvo y suelo

La mayor parte de la gente piensa que polvo y suelo son lo mismo. Los científicos dicen que cuando el suelo es removido y no se le da uso, se convierte en polvo. El polvo es lo que barres en tu casa o que si se mezcla con agua se vuelve lodo y se pega a tus zapatos. El suelo es donde crecen las plantas.

Curiosidades del suelo

Mira de cerca un puñado de tierra. ¿Ves esos pedazos de roca? El suelo está hecho principalmente de rocas.

Hay diferentes tipos de suelo. El tipo de suelo depende del tamaño de las partículas de roca que contenga. Esas diminutas **partículas** de roca en el suelo tienen tres tamaños básicos: arena, limo y arcilla.

Los ingredientes de la tierra

Rocas, aire, agua y materias **orgánicas** se mezclan para producir el suelo. Se necesitan cientos de años para producir una pulgada de suelo.

6

Agrega un poco de agua a un puñado de tierra. Frota el lodo con tus dedos. ¿Cómo se siente? La tierra se siente distinta dependiendo del tamaño de los pedazos de roca que contenga.

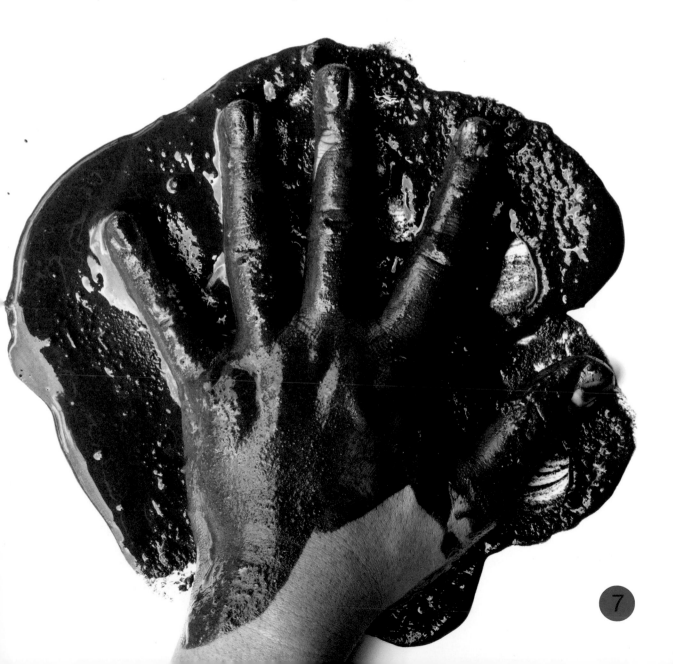

¿La tierra se siente áspera? Es porque es suelo arenoso. Las partículas de roca grandes hacen que se sienta así.

El agua se drena rápidamente en el suelo arenoso. Los cactus crecen bien en suelos arenosos. Los pinos y la salvia también.

cactus

¿Qué tipo de suelo se siente suave al tacto? Hay un suelo con pedazos de roca de tamaño medio que se llama limo. Se siente suave en la mano.

El limo no absorbe tan rápido el agua. Es bueno para los sauces llorones. Las rosas también crecen bien en el limo.

rosa

¿La tierra es pesada y pegajosa? La arcilla se siente así. La arcilla tiene los trozos de roca más pequeños. Son difíciles de ver.

La arcilla absorbe el agua muy lentamente. Los fresnos y la rudbeckia bicolor necesitan mucha agua. Crecen bien en la arcilla.

rudbeckia bicolor

La arena, el limo y la arcilla suelen mezclarse para crear distintos tipos de suelo. Cómo se siente el suelo al tacto es un buen indicador del tamaño de las partículas que más abundan en ella.

El suelo franco es un tipo especial de suelo. Contiene partes iguales de arena, limo y arcilla. Se dice que es el «suelo perfecto». Muchas plantas crecen mejor en suelo franco.

suelo franco

Las plantas necesitan **nutrientes** para crecer. Los **minerales** y el **humus** proveen de nutrientes a las plantas. Se encuentran en el suelo. Algunos nutrientes del suelo provienen de minerales. Se encuentran en partículas de rocas.

Otros nutrientes provienen del humus. El humus está hecho de plantas en descomposición, animales muertos y desperdicios animales. El humus hace que la tierra se vuelva negra. Cuando viste de cerca la tierra, ¿viste alguna planta muerta? Por lo general están en la capa superior del suelo.

Basura de hojas

Los desechos de plantas muertas, como las hojas, las semillas y ramitas pequeñas se descomponen en el suelo. Estos desechos sirven de alimento y refugio a muchos animales, que los distribuyen por el suelo. Así, se forman nutrientes para la plantas.

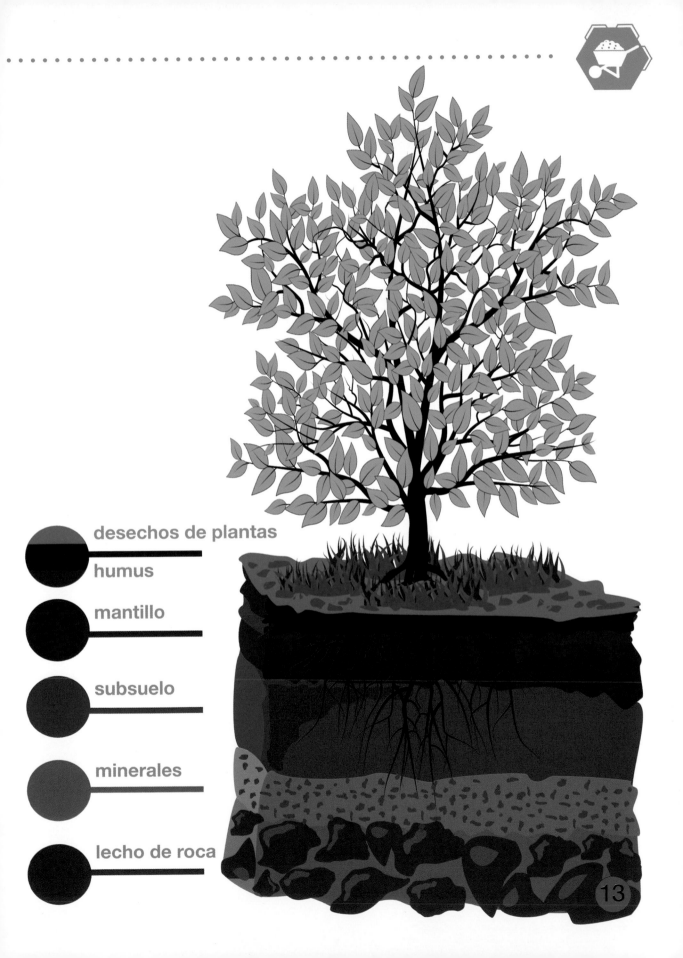

desechos de plantas

humus

mantillo

subsuelo

minerales

lecho de roca

13

Escarbando en capas

El suelo en el que siembras tu jardín y sobre el que caminas está hecho principalmente de humus. Si escarbas bajo el humus, verás capas de suelo. Estas capas lisas son llamadas horizontes.

El horizonte A del suelo suele ser llamado **mantillo**. Es lo que está más cercano a la superficie. El horizonte A es rico en nutrientes. Muchas plantas, animales y **bacterias** viven aquí. Agregan aire a la tierra. Los seres vivos crean más humus.

El horizonte B queda debajo del horizonte A. Es duro y denso. Sólo las raíces de plantas grandes y árboles tienen la fuerza y el tamaño para crecer en el horizonte B del suelo.

No solo es café

Los científicos del suelo comparan los distintos colores que tiene. El suelo tiene 400 variaciones de rojo, amarillo, café, negro y gris. ¡Incluso puede ser blanco! Los colores provienen principalmente de los minerales del suelo.

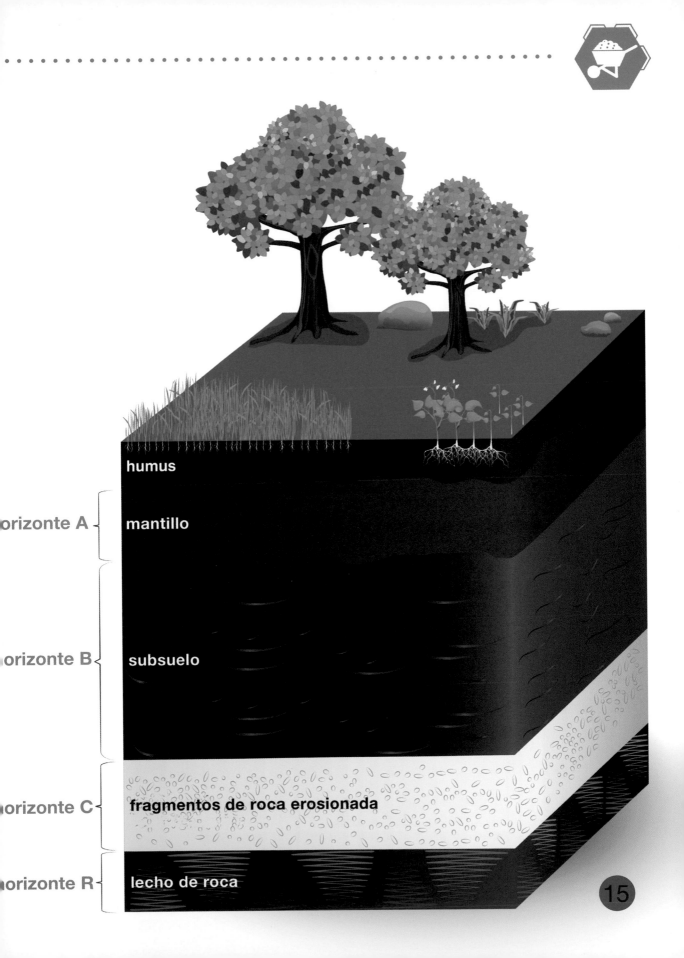

humus

horizonte A — mantillo

horizonte B — subsuelo

horizonte C — **fragmentos de roca erosionada**

horizonte R — lecho de roca

15

El horizonte C es demasiado profundo para que las plantas y los animales puedan sobrevivir. Ahí no hay humus. El horizonte C está formado principalmente de rocas grandes.

La siguiente capa no tiene suelo. Roca sólida llamada lecho de roca compone el horizonte R. Nada vive en la capa más profunda.

¿De dónde proviene el suelo?

El suelo proviene de un material primario. A veces, el material primario es el lecho de roca bajo el suelo. En otras ocasiones proviene de un material depositado por el viento, el agua o el hielo.

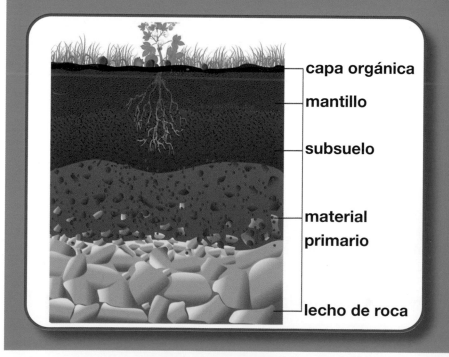

capa orgánica

mantillo

subsuelo

material primario

lecho de roca

Trabajo en equipo

El suelo provee un **hábitat** a las plantas. Las raíces se extienden bajo el suelo, de donde absorben agua y nutrientes. El suelo también mantiene a las plantas en su lugar. Esto las protege.

raíces

¿No hay suelo? No es problema.

¿Sabías que algunas personas cultivan plantas sin necesidad del suelo? Esas plantas crecen en agua. Nutrientes y oxígeno son agregados al agua. A esto se le conoce como hidroponia.

Las plantas también ayudan al suelo. Las raíces de las plantas evitan que el suelo sea arrastrado. Las plantas muertas se mezclan en el suelo. Proveen de nutrientes a las plantas. Sus raíces también aflojan el suelo. Las raíces crean espacios de ventilación.

Muchos animales hacen del suelo su casa. Marmotas grandes, topos pequeños y hormigas diminutas viven dentro de la tierra. Estos animales cavan túneles. Los túneles aflojan el suelo. Los desperdicios de los animales son buenos para el suelo: hacen que se llene de nutrientes.

hormiga

escarabajo

gusano

planta raíces

topo

La gente también necesita del suelo. Construimos casas sobre el suelo. El agua que bebemos es filtrada primero por el suelo. La mayor parte de la comida que comemos crece en el suelo.

El suelo está escondido la mayor parte del tiempo, ¡pero lo necesitamos!

cultivo de maíz

Comparando el suelo

¿El tipo de suelo cambia la forma en la que crece una planta? ¡Averigüémoslo!

Qué necesitas:

semillas (las de frijol funcionan bien)
vasos transparentes y desechables
2 a 3 tipos de suelo
agua

Qué harás:

1. Llena un vaso con suelo de dos (o más) lugares distintos. Como un parque, un bosque o un arroyo.

2. Determina qué tipo de suelo es. Toma un poco de suelo con tu mano. Agrégale unas pocas gotas de agua para formar una pasta. ¿Cómo se siente? ¿Es principalmente un suelo arenoso, limo o arcilla?

3. Coloca arena en un vaso, limo en otro y arcilla en el tercero.

4. Sigue las instrucciones del paquete de semillas y planta una o dos semillas en cada taza. Humedece el suelo con agua.

5. Coloca las semillas en una ventana soleada. Revisa el suelo cada día. Si está muy seco, pon un poco más de agua. Ten cuidado de no regarlo de más.

6. Luego de dos semanas, decide en qué tipo de suelo crecerá mejor tu semilla. ¿Crees que todas las plantas crecen de la mejor manera en todos los tipos de suelo?

Glosario

bacterias: Seres vivos microscópicos de una sola célula que están en todas partes y que pueden ser útiles o dañinos.

hábitat: El lugar donde un animal o una planta comúnmente viven es su hábitat.

humus: Suelo rico y oscuro hecho de materiales animales y vegetales en descomposición.

mantillo: La capa superior del suelo que contiene los nutrientes que la planta necesita para crecer.

minerales: Sustancias sólidas encontradas en el suelo que no provienen ni de un animal ni de una planta.

nutrientes: Sustancias como una proteína, un mineral o una vitamina que necesitan las personas, los animales y las plantas para mantenerse fuertes y sanos.

orgánicas: Que provienen de seres vivos.

partículas: Trozos extremadamente pequeños.

Índice alfabético

Demuestra lo que aprendiste

1. ¿En qué se diferencian el polvo del suelo?

2. ¿Qué suelo es considerado «perfecto»?

3. ¿Cómo ayuda el humus a las plantas?

4. ¿Por qué crees que el horizonte A tiene la mayor cantidad de seres vivos en él?

5. ¿Cómo trabajan en equipo las plantas y el suelo?

Acerca de la autora

Annette Whipple aprendió a amar las ciencias y la naturaleza durante sus años como educadora ambiental y maestra de escuela. Vive con su familia en el sureste de Pensilvania. A Annette le gusta leer buenos libros y comer galletas recién horneadas de chispas de chocolate. Conoce más sobre Annette y sus presentaciones en www.AnnetteWhipple.com (sitio en inglés).

www.rourkebooks.com

PHOTO CREDITS:Cover: soil background © Olesia Bilkei, illustration © GraphicsRF, Page 3 © Madlen; Pages 4-5 © SumanBhaumik, Earth © Harvepino, shoes © marin_bulat; page 6 © Monthira, page 7 © Aggie 11; page 8 © woaiss, desert © Flying Mouse, page 9 soil © Tyrannosaurus Rex, rose © CHARAN RATTANASUPPHASIRI; page 10 soil © Aleksandra H. Kossowska, page 11 hand © rodimov, Flores © L S Clayton; page 12 Hojas © Pataradon Luangtongkum; diagram pages 13 and 14 © Designua; page 17 © snapgalleria; page 18-19 soil with plant © ifong, hydroponics © WeStudio, illustration with mole © mariait; page 20 construction © Sue Smith, crops © smereka

All images from Shutterstock.com except: page 12 diagram © Mariayunira | Dreamstime.com

Editado por: Laura Malay
Diseño de la tapa e interior: Nicola Stratford
Traducción: Pablo de la Vega

Library of Congress PCN Data

Suelo / Annette Whipple
(Un acercamiento a las plantas)
  ISBN 978-1-73165-448-9 (hard cover)
  ISBN 978-1-73165-499-1 (soft cover)
  ISBN 978-1-73165-532-5 (e-book)
  ISBN 978-1-73165-565-3 (e-pub)
Library of Congress Control Number: 2022941025

Rourke Educational Media
Printed in the United States of America
01-0372311937